José Álvaro Crespo Rodríguez

Sencillamente, la Esperanza ...

José Álvaro Crespo Rodríguez

Sencillamente, la Esperanza ...

Poemario

JustFiction Edition

Imprint
Any brand names and product names mentioned in this book are subject to trademark, brand or patent protection and are trademarks or registered trademarks of their respective holders. The use of brand names, product names, common names, trade names, product descriptions etc. even without a particular marking in this work is in no way to be construed to mean that such names may be regarded as unrestricted in respect of trademark and brand protection legislation and could thus be used by anyone.

Cover image: www.ingimage.com

Publisher:
JustFiction! Edition
is a trademark of
International Book Market Service Ltd., member of OmniScriptum Publishing Group
17 Meldrum Street, Beau Bassin 71504, Mauritius

Printed at: see last page
ISBN: 978-620-0-11125-8

POESÍA

Sencillamente, LA ESPERANZA…

AUTOR: JOSÉ ÁLVARO

(SELECCIÓN DE TEXTOS)

Notas sobre los versos

Ideas hay que representan el bregar del espíritu de las personas en esta Humanidad, verdades sencillas y comunes que defendemos, amamos y por las que vivimos y morimos los seres humanos de cualquier latitud, manifiestas en una u otra formas, pero que reiteran o renacen con acentos genuinos de sus contextos, los similares fines que ellas representan.

Así en estas notas comparto, que mis composiciones son parte de ese andar cotidiano de mi vida, comprometida con el contexto en que vivo, sencillas frases que expresan ideas, intimidades familiares, vivencias, sueños, esperanzas…

Me cuesta mucho trabajo amoldar en versos las frases que brotan en algún instante de meditación y acomodarlas luego a la idea que deseo expresar pues ellas emergen agitadas, encarnadas casi indomables, y fijarlas a lo que quiero decir, agotan la paciencia.

Recuerdo el tema musical ¨ Mi Verdad ¨ que en la Década Prodigiosa interpretaba el grupo español Los Javaloyas y que dice…¨es verdad, que una vida la empieza una frase de amor, es verdad¨…y así como esos versos llevan esa fe y certeza comunes que calan y acuñan su valía entre gentes sencillas, la idea que trato de resumir en estas notas devuelven al alma ese fervor y convicción: que este libro les lleve una verdad: Sencillamente, la esperanza… ¡Y ahí se las dejo…!

J. A.

El Autor

Arte Poética

Contra los fueros del tiempo
bregan
Poeta, tú y tus versos.

Ensueños ideales conflictos aflicciones
sucesos denuncias realidades ...tus visiones
espíritus cronistas de su época son
principio y voz testamentarias
ancestrales llamadas justas **Esperanzas**
mensajeros de dialécticos cambios
siempre en crescendo...!

Contra los fueros del tiempo
Poeta
tus versos y tú
bregan

la vida misma rejuvenecen ellos
y envejecen
acompañándote siempre
al camino
de Poeta

que contra los fueros del tiempo
brega...

Joven, ante todo, lo natural…

Joven, ante todo, lo natural…

humildes paradigmas sean tus sonrisas
saludos juicios compromisos
y entrega personal
a la justicia.

El amor
profundo y espontáneo
sin doblez ni cálculos
abierto a su dimensión
identidad y **esperanzas**
extiéndelo como don de Dios
sabia gracia y paz
desde ti.

Joven ante todo sean naturales
tus fraternales esfuerzos confesiones alegrías
y compartidos destinos…

y el amor
alegre profundo espontáneo
sin doblez pretensiones o mal presagios
sea paradigma
desde ti...

A mi Madre, en primer tiempo.

....16 de Agosto, tu Día de Cumpleaños MAMÁ...

Cuánto agradecerte, Mamá
si en cada adelanto del camino
y todas nuestras alegrías
desvelos reconciliaciones melancolías
estás.

Confianza y decisiones entregas de por vida
a las cuatro benditas **esperanzas**
de tu vientre
por quienes lloras muchos silencios
temblorosa militante
secretos anhelos empeños presagios
y romances
compartidos con Papá
trascendente a nuestros corazones...

¡Felicidades, hoy
es tú día de cumpleaños Mamá
no importan tiempos
siemprevivas para ti
alegrías siempre tuyas
alegrías siempre nuestras
bendiciones con que una y otra vez
y una y otra vez nos acarician
la vida así
Mamá
como de cumpleaños...!.

¿Estrella o Amapola?

"Ella es mi novia Barbarita"... J.A.

Unas veces apareces en mi firmamento
inmensa meteórica iridiscente
fugaz **estrella** desprendiéndose veloz
en claras noches de vigilia.

Otras veces, tu cándida silueta
impone suavidad y elegancia nobles
de **amapola…**

¿qué admirar más
la fugitiva imagen de la luz
o la palpable candidez de tu capullo..?

Razones hay de perpetuar **esperanzas**
como semillas de tu **flor**
y disfrutar entonces
los iridiscentes centelleos de la **estrella**
que al desprenderse veloz
en mis noches claras de vigilias
iluminen tan solo
tus inmaculados pétalos
de **amapola**…

NOSOTROS…. Los muchachos del barrio.

(… desde nuestro Hijo…)
J. A.

Nosotros, los **muchachos** del Barrio
levantamos polvos por cuanto pasa motiva está en el aire
o se va. Nosotros, estirpe fraternal de toda infancia
duendes enronquecidos en porfías
curiosidades despiertos atisbos e infatigable intrepidez
en interminables broncas a la ida o vuelta de la escuela
los partidos de pelota balompié los papalotes
acampadas juegos chivichanas patines
el dominó dados barajas postales quimbumbias …
pleitos.., oigan, que por tan solo la diferencia de un tanto
tomaban una altura del carajo… ¡ y digo más, aspavientos verborreas
nombretes epitafios…! ambiente para griterías celos y pellizcos
de las niñas llamando la atención con coqueteos y furtivas miradas
en discretas intenciones desde ellas…

Nosotros los muchachos del Barrio, joven vecindad de toda laya
amigos de aventuras incidentes florecimientos juegos devaneos
llenos de comprometida niñez solidaria y ajena a toda hipocresía… ¡
compañeros de **esperanzas** sobre esperanzas…!
nosotros somos los muchachos del barrio
savia y futuros de cuantos estaban antes que nosotros
¡como ahora también los nuevos del Barrio tomarán para sí
de las nuestras….!

Derechos Humanos...

Señor Presidente   Señores Magistrados   Señoras
y Señores de Países Mayúsculos y Fuertes
de Primeros Mundos
nosotros los oprimidos   saqueados   olvidados
pobres   hambrientos   sin tierras
analfabetos   famélicos   sidaicos
pueblos débiles   minúsculos   divididos
acaballados por violencias e intereses
Mayúsculos de Primer Mundo
¡ tenemos derechos humanos a unirnos y ser fuertes
derechos humanos a integrarnos y ser diversos
derechos humanos a armarnos y ser libres
derechos humanos a indignarnos y defender nuestros derechos
con la Fuerza **Esperanza** y Libertad
que dan esos **Derechos**...!!
¡señoras y señores
señores magistrados   señor presidente
de países fuertes y mayúsculos
de primeros mundos... entiendan de una vez
Nuestros Derechos Minúsculos
y sepan también que el Amén y la Gracia del Señor
de los Pobres es solidaria tan solo por nosotros...!!!

Terruño amado…

Con el natural aroma del café colado
el melado y ron de cañas
o el sabroso habano cultivado en mis fincas
encuentras el saludo cotidiano
local convido de cubano sabor.
Amaneceres o crepúsculos tierra adentro o mar afuera
te llevan día a día bienaventuranzas
y solidaridad a toda prueba
del espacio querido y amigo que como él no hay nadie..!!

memorias vivas bajo el ardiente
cielo azul pregonándote a diario
campechanas cordialidades
a tono con el barrio o campiña donde vives
como noticias remembranzas parloteos
alegorías e instantes filiares de afortunado breviario
su familiar ternura llenan tu mente
y tu corazón donde quiere que estés…. y añoras
sus gentilicios bullangueros de abruptos saludos espontáneos apretones
y besos sin muchos protocolos…..ohhhhhhhh…
eso es el terruño, amigo, tu terruño amado…!!!!

Nativo soy yo de estas Tierras y aprendí
a cosechar sus frutos domar animales
pescar sus aguas bailar sus ritmos cantar su Punto…
amasar y edificar futuros a fuerza de voluntad
amor resignación y confianza
en mujeres y hombres únicos como la comida criolla
y en mis amaneceres o crepúsculos tierra adentro o mar afuera
recibo día a día las bienaventuranzas de mi espacio querido y amigo
del cual imposible separarme y que como él no hay nadie
¡ y eso es el terruño, amigo, tu terruño amado
sorbo perenne de calor e identidad
a tu mente y a tu corazón
firme roca de amistad y amor
en tus confiadas gentes bullangueras
y en **ESPERANZAS siempre…..**,eso es, te lo dejo..!

Imagen de ensueños

"Ella es Mi novia Barbarita..." J. A.

Muchacha
éxtasis al corazón son tus recuerdos.

Sonrisas gestos o palabras
clavaron tu vida en mí
con la grácil fuerza
del espíritu.

Por favor no digas nada
profundas y latentes quedan
tu gracia
encanto y candidez
alegrías de pasados y presentes acentos
perfumes en voz joven de mujer
cordiales e ingenuas despedidas
del hasta luego amor
que retienen
tu imagen de ensueños.

Eres esa muchacha
en haz de luz y caminos
bella flor en azahar y miel
desbordándome la vida.

No compadezcas al corazón
y sus benditas taquicardias
sus diástoles no infartan.

Ven, juntos buscaremos puertas espacios.
Ábrete de par en par a este reclamo
y **esperanzas** que comparto.
Oye tu corazón y dí
amor
oye tu corazón y di...

entre él y tú perdura la imagen
de mi ensueño
voz interior con que digo amén
a tu amor.

Días Extraordinarios

" .. de mis cenizas se levanta el
hombre nuevo .." J. M . Matos

¿Están en el ser humano
responsabilidades y cuidados por la naturaleza…?
quién podría negarlo ¿verdad? nadie podría
pero, oye, sssh….ssssh….., .ssssssshhhh…, ¿oyes,?!.
revueltas están las civilizaciones
e imperiales visiones proclaman solemnemente
disolver las democracias
…¿ democracias…? miren qué cosas
si movilizan finanzas capacidades tecnologías
por nuevos holocaustos y expanden
suicidios voluntarios a pueblos y etnias
a su nombre
y en irreconciliables desequilibrios
renuncian a quimeras humanitarias
y nobles empeños ambientales…
… ¿ democracias…? y me pregunto
¿si años lustros decenios siglos milenios
de Patriarcales regencias alejaron al hombre
de la Naturaleza
ahora acaso no peligran la Memoria
Historia Especies y Géneros
desde ese juicio….

Acaso olvida el Hombre **quién es…?**

poetas……. recuérdenles entonces al HOMBRE
sus extraordinarias **esperanzas…!!!**

El Resplandor de mi Ciudad.

Deslumbra noche a noche desde lejos
el resplandor de mi ciudad.

Altavoces y lumínicos invaden la periferia
y seniles rumores   murmullos   fantasías
gangarrias   vanidades   algarabías
amordazan el ritmo natural de su campiña
y desarmonizan ambientes.

Esas estampas de confinados caprichos
obstruyen el reverdecer
de mi ciudad
más su sórdida abundancia
y secuelas
van cribándose
al fervor de esta ambiental **esperanza .**

¡ Y ya verás
deslumbrar noche a noche
desde lejos
el verdadero resplandor de mi ciudad

dc mi pinareña y ambiental CIUDAD
ya la verás ...!.

Así son.

Animan con su esplendor y se esperan año tras año
las fiestas de Carnaval.
Días de efemérides comunitarias
bienestar derroches de energías movimientos
y humanos barullos
engalanan improvisados atriles.

Ciudades Pueblos Barrios Cuadras Calles
celebran juntos corean juntos y nutren
jolgorios bailes ferias y parrandas
expresiones culturales diversas
clamores de tambor e historia local.
En tarimas y quioscos se aglomeran Gentíos
al convido de amigos vecinos compañeros y familiares
saladitos tragos y cervezas van y vienen
y blindan longevos y embriagadores
momentos de amor y amistad.
Y sumados al disfrute y calor de estos días
calle arriba y abajo serpentean
algarabías de niños y adolescentes
al zigzag de briosos Muñecones
abrazos familiares y apretones de manos...
filiales compendios de orgullo nacional
donde bregan también las inevitables emociones callejeras
lágrimas y anhelos de espiritual cercanías
por ausencias presentes
tan habituales al hábitat de los tropicales festejos
a tino con su carácter y religiosidad
popular.

¡ y Así son los Carnavales cubanos
risueños sencillos y pintorescos así Son…!
mezcla de salsa afro latina
racimos y asados de sazón criolla
bautizados en santa espiritualidad
¡ de pura **esperanza** caribeñas..!.
Así desfilan noche a noche
jóvenes entre coreografías escolares
congas de barrios y variadas comparsas
musicales engalanando calles y avenidas
así, también los paseos de carrozas repletas de mujeres
reinas de las noches festinando corazones
al contoneo de pechos y semidesnudas caderas
golpes inevitables de sabor sensual
sonrisas y convites…
¡ y Así son los Carnavales cubanos …
risueños sencillos y pintorescos así Son.!
Ellos renuevan romances al por mayor..
y son sus testigos las húmedas calles luego los desfiles
los parques y campiñas, las estrellas y las Lunas
luna Nueva para quienes esperan
y Menguante… en las promesas de cuantos
se fueron tras una botella…
Admiradores y enamorados de la vida
cazan el próximo año nuevos ambientes
fervores y esplendor para sus fiestas
las fiestas del Carnaval…

¡ cubano , risueño sencillos
y picarescos …. así Son !!!!

Como en casa del herrero,...

Liduvina fue por muchos años
la Casamentera de todos los jóvenes de la Localidad.
Memoria en mano recitaba el Código Derechos y **Esperanzas**
a los futuros convertidos
Con autoridad y competencia
conminaba a primera y última firmas
concertaba bodas casorios
fiestas nupciales….,todo tipo de jolgorios
que en cada ocasión ofertaba felicidades para siempre
¡ felicidades Ciclanito Menganita Zutanejo
Felicidades,… felicidad … felicidad …… felicidad…!
Mujer de carácter y experiencia afables
risueña cumbanchera con actitud gaje y oficio de por vida
matrimoniándose una y otra vez
mantuvo status civil y plan conquistas
hasta bien entrada latitud.
Aventajadas e innatas discípulas sus hijas
emplean el ajuar al plural de tantas ocasiones
que en preferencia decidieron continuar sus solterías
a matrimoniadas, estilo de vida que renuncia al cónyuge
y amenaza hoy la exótica Especie universal
dogma y dilema ¨ de casados para siempre ¨…
En vilo entonces ¡ la casa del herrero, eh …. Cuchillo e' palo…!...

OH, tú, Río Bravo...

Río Bravo
tus aguas son vida y símbolo
de antepasado aborigen

confesión y acervo de ancestrales dioses
de nuestros pueblos.

Río Bravo
todopoderosa y Divina corriente
cuánta sed calmada en tus orillas
cuánto alimento y sueños de amor
cuánta lágrima y silencios en tus riberas
cuánta oración cuan sufriente testimonio vertido en tus deslices….

tus aguas llevan el murmullo americano
rumor y el grito indígena de Paz al Continente
eres Cauce y antorcha
pregón y encendido madero de atávicos clamores
libertarios.

¡ Río Bravo
mueve hoy más aprisa el torbellino en tus aguas
ensancha tus márgenes renueva **esperanzas**
los pueblos al **Sur** esperan sus moradores te veneran

OH, Río Bravo
bebamos siempre de tu manantial
renovemos energía y fe
en la fuente y lindero de **Latino América nuestra...!**

Frank País: un hombre de su tiempo

Frank esta causa de amor infinito
que abrazaste
evangelio vivo esencia y vida
bastión y paradigma camino y magisterio
fue tu Apostolado Militante
al quehacer libertario de la Patria
Hermano Frank, siempre en medio nuestro estás
desde el nuevo hombre guevariano
e ideales luminosos
que nos vigoriza

y Quien trasladó por todo el oriente
sus iluminados horizontes
ciudadano a ciudadano pueblo a pueblo
antorcha de fe y épica rebeldes
vive la inagotable realidad de esta **esperanza** hoy
pauta soñadora en permanente misión
del hombre y mujer nuevos de este tiempo
esculpiendo su Huella
al pizarrón y mármol de la historia
¨ con todos y para el bien de todos ¨
con tu audacia
y tu amén.

Edad Escolar

Auroras de vigor infantil despiertan poblados y campiñas
todas las mañanas.
Y en algarabías y juegos
niños y adolescentes camino a la Escuela van
entre duendes y magisterios de amor
amistad buen ánimo y plenas virtudes
controlando sus instintos colegiales
a tiempo. ¡Edad escolar
Primaveras del mágico tiempo nuestro!

Pido por favor, alarguen ese espacio vital de ensueños
sobre ensueños, fructuosas **esperanzas**
que curso a curso va y regresa del Colegio
con su duende y anima los recuerdos en las aulas
y acompañan gozoso, como de ida y vuelta
la perenne primavera estudiantil
hija de su mente
adulta en oficio y circunstancias hoy.
Goza las risueñas vocerías de niños y adolescentes como ayer
auroras de infantil vigor que despiertan poblados
y campiñas cada mañana
vé en medio de ellas nuevamente
camino de ida y vuelta a tu escuela, la de antes
aquella que existe en el duende y sus momentos ayer
de regreso hoy solo en ti .

y Goza nuevamente las eternas primaveras
hijas de su mente
¡ como mágico tiempo
a favor nuestro…!

Lo llevamos en la sangre.

Sobre dolores insondables forjaron nuestras actuales sonrisas.
De prístina aurora aquellas ingenuas sonrisas
al son de látigos y traiciones de la historia
fueron silenciadas y ahogadas en delirios y clamores
sangres y espantos miles
sofocadas al tambor y conjuros de los Conquistadores….
Re-encarnados espíritus erigen nuestras actuales sonrisas
estas sin embargo son otras
sin las otrora atávicas hirvientes lágrimas
esclavas de dolores insondables.
Como recién nacidas en paz
crecen sin el tormento de agónicos suspiros
ni huellas de insomnes violencias
y ancestrales luchas

cómplices solo del amor **esperanzas**
y solidaridades
ajenas a la comezón cobarde y los desengaños
estas carcajadas en mi gente hoy
son nativos fulgores avatares y ritmos
de afro caribeña estirpe
defendidos con saña y voluntad ayer

victoriosas realidades hoy
y futuros atalayas del amor continental
y Gen que identifica y une
nuestra mencionada estirpe.

Y Quedarán así..

Muchos abandonan nuestra bendecida Isla
en busca de otras **esperanzas** desesperanzados.
Pobres diablos.......
sin gloria natural valores ni amor virgen
sueñan lauros de poder en la pesadilla de su exilio
y quedan indoctos sin juicio y doctrina
espiritualmente vacíos. Pobres diablos...

surcan mares vuelan cabildean
se arrastran y desnaturalizan con la facilidad
de camaleones agazapados a la sombra de cavernícolas mentales
arribistas de causas mercenarias
injertados a desconocidos terruños
y artificios que les nutre y cobija.
Pobres diablos,... negociando almas y virtudes
ajenos y en natural olvido
bajo el peso y polvo continentales
de la **Plataforma de Esperanzas**
que Latinoamérica Nuestra levanta
¡ quedarán...!

Con Mucha gloria..

No tienen tiempos de ocios y reparos
las manos de los benignos espíritus
que ministran el Reino y Paz del cielo
como justicia de los pobres aquí en la tierra.

¡Acérquense a sus interminables insomnios
Prójimos todos, reposarán
sus cotidianas preocupaciones
y gélidos pies
de boquiabiertos llantos y humildes fogones
al compendio solidario desde ellos!.

Y pónganse en vilo, eh, las milagrosas revelaciones
esperanzas y cantos
recetas del Yo tan férreo y solitario
que ciertos espirituales
enmascaran como humanismos y democracias
reclamando luego espurios intereses.

Sobreabunden, eso si, buenas actitudes
eficaces consejos y necesarias alegrías
comunitarias o individuales
siempre vivas que año tras año
necesitados del destino
esperan de algún dios.
Así las pacientes y mansas manos que ministran justicia
compensen la desnudez del Reino y Paz
entre pueblos y espíritus de los hombres
aquí en la tierra.

Las huellas de su Espíritu

Hermana Hermano orar con Fe
es confesarle a **ÉL** en solitario
tus cuitas y **esperanzas**...

Así recibes SU Paz
en la alcoba donde libre de todo prejuicio
y complicidades
desde tu voz exterior
promueves la confesión íntima
sonido al corazón éxtasis y razón de humildad.

Fuerza vital es la oración
Hermana Hermano
su germinal poder suscita el don de Dios
semilla del buen hacer y gracia
en ti.

Confiesa Hermana Hermano
en tu lecho
la solitaria oración de fe
profunda y silente voz interior
libre de prejuicios y complicidades
desde la cual **Él** te responde
y reconoces
su Amén.

Inolvidable Encuentro.

A: mi Madre, María

María, mi primera Maestra no me reconoce al saludarle.
A su octogenaria edad, olvida muchos y muchos momentos pasados
rostros estancias diversos contextos
estudiantiles familiares sociales….quién sabe…
¿ Y ahora cómo reconocer al que le fui entonces niño
su estudiante ?.
Simplemente inclina la cabeza musitando: no me acuerdo de ti
no me acuerdo alabao Hijo, no me acuerdo
fueron tantos fueron tantos fueron tantos...
Emociona su piedad y magisterio imperecederos
maternal educativa amorosa dulce amiga
indulgente siempre y hoy María mi primer Maestra
no me reconoce al saludarle. Sus manos en las mías
preguntan inquietas, sonríe titubea suspira se mueve indecisa
da marcha atrás al tiempo azul en su memoria
buscando señales motivos imágenes
alguna pertinaz sombra de quien fuera entonces
uno de sus principales desvelos y filiales **esperanzas.**
Y simplemente no me reconoce ahora al saludarle.
Inclina de nuevo su cabecita, muy cana ya
y se aflige encogida musitando no me acuerdo de ti, alabao Hijo
no me acuerdo de ti, alabao fueron tantos
sí, fueron tantos… Maestra no importa olvido su olvido
su desliz está tan lejos como mi Infancia
mejores virtudes inculcó Usted mejores valores formó Usted
y para siempre, Maestra María. Gracias por la vida
sus indulgencias y amor perennes…,
gracias Amiga gracias Maestra María
Graaaaacias Mamáaaaaaaaaa ..!!!

Aquel día se despidió del sol más tarde....

A mi Padre...

Aquel día mi padre se desveló de madrugada
y su nostalgia la oprimía en palabras calmas.
Como una premonición recorrió temprano todo el caserío
revivió sus avatares bregado a contratiempo
con viejos amigos del barrio.
Ladeó el arroyuelo Ajiconal revisó sus preferidos pesqueros
caminó breve por trillos del monte y tierras firmes
hacia otrora conocidas áreas de cultivos:
-Recordé entonces a aquel niño tempranero
guajiro de reprimidas **esperanzas**
y adolescentes ensueños de **ser alguien.**
A la sombra de su vitalicia arboleda
conversó luego con las aves del corral
los mansos cerdos bueyes vacas
su caballo de batallas y en fin junto a su perro Tonki
dio gracias por todo lo vivido alegando el corto espacio temporal
de sus 75 años en sonrisas para quienes despedía indeciso.
Repasó su vida una vez más como un convido de familia
y confesión final a la luz de farolas y quinqués, premonición
de sus más viejos y felices ancestros de claro-oscuros recuerdos.

Y de paso vino a abrazarme con más ahínco que alegría
Musitándome: -" **Hijo, olvidados apagones nutren continuos vaivenes**
en la vida. No te importen avatares e insomnios
ni cauterices por ellos tu espíritu de gozo
ni apartes el amor de ti. Presenta alegrías aun a ingratitudes ajenas
y continuarás siempre adelante no importen lágrimas de llegada o
despedidas, sigue tu vida misma y la justicia auténtica nuestra
adelante y siempre "... así me dijo Quien se despidió del Sol más tarde.

Hasta Siempre, Papá

A mi Padre, instante post mortem.

Papá nos mira sin hablarnos desde la cama
del Hospital
muy enfermo.
Distantes puntos fríos somos a su alrededor
los cuatro Hijos
…¿ por qué miras hoy desde tan lejos, Papá...?

Memoria y reencuentros sombrean su hálito filial
al tiempo nuestro.
A sus ojos asoma el amor.

Papá por qué nos miras hoy desde tan lejos... ?

Glaucos y fijos se tornan en paz
y en despedida muy dentro
tembloroso el cuerpo todo
va vaciándose de sensaciones.

Y un suspiro familiar de alegría
parte en dos nuestra **esperanza.**
¿Nos alegras hoy de nuevo Papá?
Nos entristece tu alegría al despedirte ahora, Papá.

¿nos oyes ¿?... creo, ya no nos oyes.

Papito hasta siempre y gracias por la vida.
Caramba hasta la eternidad
Papá… Papáaaaaaaaaaaa…….

Tiempos de Gracia Y Paz.

(A nuestro Hijo…)

Nuestro **Hijo** no tuvo bicicletas ni carriolas
maquinitas play stations celulares patinetas
u otros implementos
estelares….
Su Infancia coincidió prácticamente
con el bien duro tiempo de Periodo Especial
sin amplitudes ni juguetes para niños
y aquel grave peligro sobre la comunidad
internacional,…Oye en verdad fue un tiempo bien irregular
créanme, atribulando capacidades humanas
en presentes torbellinos y lejanas **esperanzas**….
Oye tiempos difíciles incluso hasta para verlos jugar
créanme… Por qué vamos entonces hoy a revivir sombras
y tiempo superados....
Nuestro **Hijo** tampoco tuvo nintendos zapatillas de marcas
e implementos deportivos o auditivos
estelares…tuvo y tiene perennes padres maestros vecinos...
guía filial orientándole su entorno y la amistad
e intrépida hermandad de los **muchachos del barrio**
herramientas que abren paso ante el destino.
Por qué vamos entonces hoy a revivir sombras
y amargos apagones, por qué, ni carencias y recuerdos
de un Período como de infancia..? Perdona **Hijo** este desliz
de padres sin escudos sustitutos de juguetes
apelando a incidencias exteriores y a Cristo
como niños. Somos libres de ese lapso y prueba al fin.
¡ Tiempos de gracia y paz hay por todos los esfuerzos
de tantos….. tiempos de gracia y paz, **Hijo,** tiempos para la vida
tiempos de Gracia y Paz, tiempos de gracia y paz para tu vida...!

Hasta siempre,.... Mami!

A mi Madre, instante
post mortem.

Mi **Madre, enferma,** contempla los aparatos electro médicos
en la sala de terapia del Hospital.
Sus ojos preguntan nerviosos y yo no sé qué contestarle.
El centellear de las pantallas indican que los signos vitales
siguen debilitándose y qué decir a su insistente mirar
ni con qué gestos responderle su guiño de **esperanzas**
totalmente falso quien descubre cuanto pienso desde niño
tan solo con verme pestañear.
Los Doctores, aparte, notifican diagnóstico Terminal
cuestión de muy poco tiempo, dicen...
¡Y no pueden devolvernos la certeza
de regresar a casa hoy como te decíamos
ni con los aparatos puestos, como antes, Mamá
… pobres infelices estos tus hijos hoy, ante **Tí,** caray ..!
Adivina mis presentimientos al volverme a ella
y su habitual ¡alabao hijo!... me llena de infeliz melancolía.

Y esta vez me regala una sonrisa
suave maternal invaluable
¡ la mejor de las sonrisas, como una súplica, como una despedida !
no como aquellas tus sonoras carcajadas de siempre
tan lindas, Mamá, tan lindas y ruidosas ja, ja, jaa,,ajáaaa….¿recuerdas?
no, no, estas son... ¡ Vaya suerte la mía bendecirme al nacer con tus
sonrisas de esperanzas y ahora, Princesa, al marcharte
en la profundad de tu alma mater la devuelves
bendecida nuevamente como un adiós **!**

¿ qué hacer ante tu maravilloso y único gesto de Madre?
Devuelvo la sonrisa a quien me recibió en luz
y perdí su aliento…Perdóname Mamá, pero no verás mis lágrimas
ahora como cuando te nos ibas al trabajo
de pequeños, devuelvo la sonrisa a quien me recibió siempre en luz
en el silencio de este momento tan oscuro.
Sólo quedas en la sangre de tu sangre, Mamá
eras fervor espíritu alegría virtudes

gozo amor voluntad energías perennes.. ¡ así te nos quedas !
hoy mañana y siempre nuestras lágrimas y gratitud enormes
para ti, al corazón y a mano con nosotros estarán.
Desde Tú eternidad y junto a Papá
también en nosotros y hasta la eternidad estarás
siempre. ¡**Mamá……**
siempre Gracias Mamá, Graciaaaas Mamáááá...!

Sencillamente, la Esperanza...

Se lucha por amaneceres y mejores mañanas
anocheceres y crepúsculos de amor.
Por Auroras Australes o Boreales equilibradas iridiscentes
sin contaminaciones ambientales...
Se discuten generacionales existencias
desaparecidas unas en franca extinción otras
¨ por la rápida y progresiva liquidación
de sus condiciones naturales de vida ¨...
Asambleas y foros en toda latitud debaten esperanzas
sobre esperanzas y alzan símbolos escudos tradiciones saberes
fe en presentes o futuros emblemas, paradigmas de un Universo
solidario justo luminoso ambientalmente sano...
Qué serían la multitud de virtudes y actitudes humanas
sin sus millonarias multiplicaciones individuales
sociales, comunitarias....qué serían las orientaciones in LOVE
sin fe ni para fe desde él. Qué serían las evocaciones
de fraternidad sin el concurso de las mil formas de amor
desde nosotros mismos que pueden intercambiarse
y enriquecernos..... sin denigrarse, Qué fácil sin embargo hermanas
hermanos amigos(a) camaradas la solidaridad, compartir fraternal
modestamente humanos sacrificios diálogos y saberes
entre propios manantiales de amistad
y esperanzas...Qué fácil el sentido primaveral de intrépidas luminarias
direccionando nuevas sendas fructificando en naturalezas y herencias
la vida misma... Qué fácil hermanas, hermanos...abrazar al mismo Cristo
en cualquier latitud no importa el Nombre y en su Espíritu Verdad
y Vida ver el CAMINO, Sencillamente, LA ESPERANZA.
¡ Qué fácil hermanas, hermanos...camaradas, el camino,...
sencillamente, LA ESPERANZA...!.

Toda buena fantasía heredarás, hijo...

No todas mis fantasías quedaron en sueños infantiles
de famoso deportista corredor profesional aviador
artífice pintor poeta vidente constructor
temerario marino viajero mercante
músico caminante trotamundos... muchas abonaron proyectos
ideales permearon **esperanzas** y buenos desempeños...
y así las mantengo. Otras apagaron su tenue y blonda luz interior
clavecímbalos de pura infancia
fanfarrias que sin testamento al olvido dejo
total ¿para qué?.
Con razón, Hijo, heredarás aquellas de luz propia
absorta y blanca luz. Rebosen todas su haz luminoso y hondo en ti.
Amigos ¿quién no lleva a escondidas
ingenuos embelesos de niño aún y quién no se sirve de ellos para seguir
adelante...? De todos los achaques te libero
y filtro e ilumino el habitáculo.
Recibe la cálida e iridiscente voz de reales fantasías
que sangran mi cuerpo
quimeras imágenes duendes furtivos
espíritus amantes y fraternas musas
que tienen autoridad para tomar aposento en mi interior
pues nadie se atribuyen tal confianza ¿ no ?
y vendrán a ti, así de frente penetrando a fondo por mi corazón
y sólo pueden imputar y llevar hasta ti, Hijo
amado amigo, el suave y transparente efluvio
razón de vivir y fuente de amor que beberás por mí, desde ellas ...
¡Ahhhh, y si muchas más incluyo por favor
en paz tomadla y compartidla, sacien ellos la sed... en la gracia
que heredas **Bendecido,...amén**...!

Qué será de los Sueños de media Humanidad?

Los sueños de media humanidad por mejoras sociales
son sencillos y citadinos. Una y otra vez testimonian sus visiones
convenciones habituales comunitarias veladas
habladurías y encuentros que evidencian los enamorados
o se discurren hasta en los funerales.
Multiplicando día a día certezas o temores
en unos y otros noticias no importan de dónde y cómo
los sueños de media humanidad son Sencillos sueños de amor
ideas de trascendente heredad
benditos desvelos multiplicándose
en pirámides de certezas por todas partes
no importan dónde ni cuánto amor
gozo y paz. les precedan. Los sueños de media humanidad
escudo y respuesta al despido natural
cruzan al porvenir llenos de **esperanzas**
desconfiados siempre pero confiando en ellos.
Así son los sueños tus sueños mis sueños nuestros sueños
¡ qué sueños... Símbolos vivos paradigmas emblemas y edén
para la vida son …!

Fe…

¨…es, pues, la **Fe** la certeza de lo que se espera,
la convicción de lo que no se ve¨…(Carta del apóstol Pablo
a los Hebreos, Capítulo 11, verso 1)

Amiga, amigo, en cualquier latitud donde transites
la existencia
llénala de Fe en Quien resucitó como la voz
más genuina para el corazón
del Hombre…

En cualquier latitud…, su reino
es roca y escalón cuesta arriba
del espíritu
esperanzas primicia y triunfo
intrageneracional.

En cualquier latitud…
recibe la gratitud y amor
del Camino la Verdad y la Vida

Quien otorga a todos su Gracia
y el Amén
que te bendice…

Cuba, la de los cubanos y amigos, ...

`` yo no soy anexionista porque soy más cubano
que TODOS los anexionistas…´´
José Antonio Saco ((1797-1879)

Bayamo, CUBA

Cuba y los cubanos han sido el sueño
y desvelo anexionistas
para gobiernos imperiales
y oscuras leyendas disidentes de la diáspora.

Colonia española desde las conquistas
y neocolonia yanki luego
no cesan acosos violaciones ultrajes
por someterla.

Generación tras generación
sufrimos los agobios de tales paranoias
y muchas inocentes almas sucumben
tras mercenarias sirenas
políticas de gobiernos cabilderos y atracadores
de siempres siempre ¨ todo por el Norte¨…
gestores grotescos de inteligencia y riquezas
camuflan subvierten trafican o pervierten
vocaciones y valores de sagrado terruño
en complicidad histriónica con apátridas
cambia casacas
de calobares espejos y difusos vitrales.

¡ Pero mambises mañas siempre alertas
son el eficaz antídoto
y neutralizante
de tanta perversión!

Soberanos arribistas y lacayos
diseñan coordinan drenan costean
y aplican quiméricas tecnologías de colonizar
y ficharnos de nuevo… ¡ y nada les vale, de nada valen
pandilleros e incendiarios ni el terror de sus maquinaciones…
todo se pulveriza ante el muro de ideas
fe y paradigmas de mambisas mañas

símbolos de sobradas **esperanzas** cubanas.
¿Fue la pertinaz frustración criolla de épocas y sinsabores libertarios
o celos de caudillos fueron acaso los astutos y bajos intereses
de trasnochadas divisas causas de negación del terruño
y entrega al mercado a Cuba, como ramera
por algunos de sus ¨ hijos¨ ?....
Obviaron valores y épicos bastiones
de **familiar** arraigo olvidaron que si como ramera la llevaron
al canje por espurias ganancias
martianos **patriotas** lavaron su afrenta
en los **machetes** y brazos de seculares hombres
que la glorifican, y satisfecha entonces levantan hoy
su escudo y sólida vagina legendarias mujeres y sus mejores baluartes
sofocando todas las calenturas solo en las vergas
de sus isleños o amigos de internacionalista calibre
quienes también defienden su honor y dignidad sin pedir permisos ni nada a cambio aguerrida estirpe dentro o fuera de la Isla
izando en alto su Bandera ¡ sin arriar PRINCIPIOS
hipotecas ni anexionismos de **ninguna índole...**

¡ porque mambises mañas siempre alertas
son el eficaz antídoto cubano
neutralizante de tanta perversión !

La ley del amor…

Definitivamente soy de los que participan y arman

las leyes de naturaleza social que nos resguardan

de beneficiario partícipe acepto numerosos procesos en los que

reafirmo sus transparencias…Modificables y así de corregibles

las actitudes humanas como leyes

son simples a primera vista movimientos de conciencia

y así me veo poseído de ellas

estimulan sus átomos de energía escrita

sus tantos espacios y tiempos puntos y comas

con que nos junta su letra a un mismo cauce…

Convergen cuanto sumamos multitud de propuestas diversas voces

reflejos movilizativos y acciones de apoyo

felizmente al contexto y ley del Amor.

No voy a someterla a examen ni referéndum

ella es muestra de la existencia del prójimo

y su fortaleza quiebra cuanta adversa

prueba leviten sus contornos y me someto a ella sin chistar

porque ¨ formo parte de ¨ sus procesos

yo tú los demás todos juntos

en fuerza comunitaria individual o asociada

animada o iracunda por la equidad de las **esperanzas**

puerta común de sociedad y en el mismo espíritu

identificándonos una y otra vez qué somos

y qué queremos ser desde nosotros mismos

y del espacio y tiempo justos

donde participe su fuerza **¡ la ley del amor…!**

Mi padre, el viejo Camarada…

´...me acordaré de ti algún día...¨ (de la canción Para decir adiós, Dany Rivera)

En este edificio, sitial hoy del PCC provincial pinareño

en calle Comandante Pinares esquina a Maceo

laboró mi padre hace décadas en el otrora llamado edificio de Obras Públicas

como obrero de Mantenimientos y Servicios. Percibía muy bajos salarios

y sobrevivíamos de él la numerosa prole y familia.

Su honestidad fue puesta a prueba una y otra vez

provocadores colegas de corrupto rol hacían lo imposible
por comprar su honradez y hasta les ofendía la música que tarareaba
los sonidos y chasquidos de sus herramientas de trabajo
y los esquivos recuerdos de la lucha de clases
recién triunfada la revolución que mencionaba.
A su Expediente Laboral le fue endosada la NOTA
¨ no confiable ¨ pretexto con el que expertas e invisibles cabezas
anotaban mal intenciones al inaccesible Documento
del trabajador común de entonces. Doquiera se trasladara de centro laboral
allí estaba el regalito de quienes también le nombraban ¨ el Camarada ¨
en camaleónicas palmaditas a los hombros
ofendidos siempre los oídos por las bajas notas
de sus tarareos , sonidos y chasquidos de herramientas
durante los mantenimientos y servicios al inmueble
o las reminiscencias de luchas de clases comentadas …
Hoy día mi frecuente itinerario laboral me permite una y otra vez
contemplar el magnífico y sencillo edificio sede hoy del partido
ministerio de obras públicas , ayer donde laboraba mi Papá
el viejo Camarada … Así escucho nuevamente los acordes
de su voz y movimientos en el área de trabajo y sus canciones
como cuando yo, estudiante primario de regreso al aula
le acompañaba al comedor y compartía su merienda laboral
de las 3 en punto…es hermoso sentirlo allí nuevamente
entre las risotadas de amigos del servicio y el reverdecer humilde
de sus obreras manos llevándonos a cada uno las **esperanzas**
de un salario sudoroso el cuerpo y transparente su inocente

sonrisa puesta a prueba más de una vez por quienes no percibieron la fraternidad

del Camarada aquellos ofendidos mercaderes del trabajo ajeno.

De nuevo comparto junto a él su merienda laboral

a cualquier hora en punto en que paso a recordarlo

junto a Mamá en victoriosa evolución y manantial

de fragancias espirituales puestas a prueba en el hogar y la familia

sostén honroso desde ellos. ¡ Gracias Camaráaaa... gracias Viejo, por tus leyendas

y esfuerzos multiplicadores de panes y peces

con el amor y tus precarios salarios de **esperanzas**

gracias Padre viejo pescador y Camarada de todos tus amigos...

¡Gracias, mi Viejo Gracias, **mi Camaráaaaa**....!

La libertad... nuestra libertad

....para la Libertad sangro, lucho, pervivo....Miguel Hernández

Entiendo que tu **libertad** forma parte de la mía

y en la de los demás también la nuestra

no importan etnias credos ceremonias proclamas

conveniencias ideologías precocidades roles

o rangos sociales...., si al final en ella nos justificamos.

Es fácil acomodar las vivencias todas en **mi libertad** y viceversa

defenderlas en común esperanza por multitudinarias percepciones

sin orgías quejumbres irracionales desenfrenos

envidias frustraciones... o diversos antropocentrismos

que insuflan molestias de colectiva incumbencias.

Me deslizo horizontal en las cotidianeidades

y como expresión humilde mi danza está entre

los risueños parloteos de los niños

en su ir y venir inocente y en jóvenes o adultos también

los que van a cualquier lugar y horas sin mal intenciones

jergas ni tropelías peleas o rencores sin contratiempos

equívocos broncas y algazaras no dando lugar

a otros tantos que aprovechen sus colmillos e intereses.

Así también los Necesitados, están ahí como fraternales

en mi libertad al hacer y deshacer...reciban mis cálidos abrazos

sus manos sudadas y sacrificados cuerpos

benefactores sociales que en saciedad y gozos

premio a sus excelentes luchas por el devenir de mi libertad.

En ella también acojo los estertores

de vencidos o silenciosos de cuerpo social enfermo

evitándoles familiares separaciones o definitivas despedidas...

En fin, vivo y soy feliz entre quienes asumen riesgos de todo tipo

espirituales en sosiegos dc paz que sin alhajas e intereses pertenecen

a mi buen sentido práctico, no así aquellos que entre pesas mostradores

dineros y engaños en pasillos y trampas dicen morar en mí.., nada de eso...!!!! Colegas, por favor, reháganme en sus depósitos nuevamente

cada generación olvide los contenidos viciados

agobios y deslices que les dejó dentro el reptil de malas o peores interpretaciones precedentes...recíbanme entonces en libre albedrío

usando de nuevo mis viejos tiempos y visiones proféticas

mis achiques de pupilas y oscuridades personales

y mis claridades objetivas como ahijadas de entendimiento común

legibles lactancias y procesos de maduración definitivas

que por su fuerza interior edifican espiritual capacidad

de juntar ansias jugando limpio cara a cara

y en crecimientos permanentes espíritu de niños de todos los tiempos jugando en comunión de toma y deja y alegres siempre vivas celo y esperanzas únicas de mi libertad… ¡ que ahí les quede en sus aljibes

y para siempre…! Por favor.

Remembranzas familiares

No están aquellos que hace décadas poblaron barrios
y campiñas
mis abuelos padres y vecinos
campeando o callejeando por estos lares.
Sementeras recientes pueblan los mismos contextos
de cuantos descansaron un día
esfuerzos y dulzuras tiempos y lugares
organizando la vida común
a la luz de sus arquitectónicos tiempos.

Los nuevos habitantes tienen la percepción
de ir y venir por la espiral ascendente y esperanzas
de sus predecesores
alternativas a sendas antiguas y epopeyas
que les forjaron y profetizan
caminatas y visiones
certeras nuevamente de quienes son simplemente futuros...

En forcejeos e incomprensiones iniciados y novatos reclaman
que perduren tan solo las remembranzas familiares
como valores de local fuerza y que vivan
del patrimonio inmaterial
en el corazón de todos
y que reciban como nuevos, las de ellos
callejeando y campeando arriba y abajo
en fraternal alianza con los ancestros...sin el qué dirán.

! Recíbanles nuevamente también, por favor
son los de Visionarios PORVENIRES ...!

Regocíjate en el amor…

¡No te atolondren vanidades ni ánforas humanas
de querer restituir naturalezas caídas, ¡ noooó !
si se caen los cabellos los dientes y pierden facultades
el tacto el olfato los oídos la vista
y hasta los apéndices varonil o femeninos
se inclinan al físico desgaste
desafiándote sus externalidades!…

¡ Ten fe no te desanimes, noooó… tampoco es perenne
la juventud luego el paso de los años aunque siga firme
su espíritu ni las canciones del primer amor que extienden embelesos
ecos y notas a tus recuerdos !
eso si, gózalos nuevamente cuando trasnoches en jergas
y hazte acompañar de sus vitales tiempos
el resto de tus días

¿ves? ¡ no te desanimes, noooó…
anda y descubre nuevas **esperanzas..!**

En las luminosidades del crepúsculo
y en sus tonalidades suaves como de albas
tus semillas germinarán con gracia y libertades plenas
y transformarán la humareda y angustias en luz
y reafirmarán tus vivencias…

Te desentenderás, por Dios de las caídas
y con rocíos de amores nuevos
rejuvenecerás…!

Lo que se les queda aquí…

No renuncies tan fácilmente a tus ricas costumbres
de insular idiosincrasia tuyas míos nuestras, ……..
y logra entender el clamor de formidables duendes
anudándote seculares fortalezas a tu cuerpo y mente una y otra vez
fiebres y deseos esfuerzos y atributos
en perdurable garante familiar invaluable.
No te atrapen propósitos y glorias
vanidades y azares sin fortunas que dicen consolarte
solo el amor la familia y tu terruño
te ofrecen **esperanzas** y vivencias compañeras.
Te cobijarán sombras de bulliciosa soledad
en mega ciudades y calles y el smoug de conglomerados alientos
asfixiarán tu realidad entre las monocordes notas
del ¨ te cobro hasta la risa ¨
morriñas de agriácida y ronca voz
y neblinas que a tus ojos olfativos buscadores
de esfuerzo común te ofrecen como botín
de insomnes y vencidos
divisas de engrandecerse un día
a costa de pesadillas y sueños de usura.
Asegúrate pues saciar tu sed de fortunas aquí
antes de perecer ahogado y sin ella, allá
recuerda el abundante oxígeno que dejas
al sofocarte el smoug de metrópolis
y quiméricas ganancias
¡ Si entregas a quienes desconocen cuanto te quedó
aquí tu botija, caray, tu botija de amor
tan fácil y tan cerca a cambio de nada…
olvidas los valores que te sostienen en vida ! ….

Al vaivén de mis conquistas...

Soy el viajero aprendiz que busca los amaneceres
de sus ancestros
auroras de **esperanzas** y prístina luz
entre las tinieblas de los conquistadores...

duros siglos desterraron la sabiduría
a mi grey
la que hoy nos invita nuevamente
a deshacer los heredados fardos
e ignorancias
llenándolas de fraternidades
a arrinconar consignas y tabúes
esparciendo certidumbres y asertos de amor
sin cómplices herejes ni prejuicios...,

tiempos de ida y vueltas
al pasado donde recibes de los nativos sueños
sus primaverales lunas llenas
y enérgicas simientes

¡ así recibes todo el amor al vaivén de mis conquistas..!

evidencias sencillas y fraternas
de quienes ofrecieron la vida
y creyeron regresar
de nuevo hasta nosotros
y dárnosla para siempre...

Fiel a la Antorcha...

Al Co. Fidel ¨... solo el pueblo salva al pueblo ¨...
Andrés Manuel López Obrador (México)

Admiro la premonición de tus Palabras
a los Intelectuales
a propósito de hacer legibles
a creadores y artistas la victoriosa aurora
iluminando más allá a los iletrados...
admiro la claridad y sentido común
que das a la **Esperanza**
por muchos y para muchos
indestructible unidad de montañoso amanecer
en ciudades y poblados urbanizando sueños y conquistas
y compartiéndolos con los pobres de la tierra ...

Allí quedaron sagradas pléyades
farisaicos vejestorios y agoreras reacciones
epitafios y guiños al futuro simulando ilegibles plegarias y olvidos....
allí quedaron como sombras vergonzosas
siglos y oscuridades a los pueblos...
¡ Admiro tu fidelidad y propósitos de
Paladín Educador y Antorcha
multiplicándose por todos los rincones
de nuestra América…gracias Camarada
Gracias Fidel…!

Vida de barrio

Convivir con la vecindad
es afianzar su perdurable imaginario
vivencias jergas y diretes
o doquier suceso cotidiano
por cuanto alimentan sus sombras
¡ muuuuchas **esperanzas..!**

Convivir con los del barrio es apropiarse del gentil fervor
siempre a mano
y sello personal por sobre aglomeradas
ciudades pueblos o campiñas
abriendo junglas de oloroso frescor y pregones callejeros
que madrugadores y noctámbulos asumen
de coterráneas brechas
y los vecinales reconocen suyas…

Convivir con los del barrio es someter
al conjuro de sus espíritus
cuantos parten y regresan después
testimoniando andanzas a los compiladores
¨ sencilla agrupación de ángeles guardianes
del Santuario.¨.
duende y memoria viva de todos
sostén y libertad de terruño:
la **vida del barrio**….

Bien yo necesito...

..."con los pobres de la tierra

quiero yo mi suerte echar...

José Martí

Bien, yo necesito vivir dentro de la Isla

donde agiganto mi identidad y oxigeno

particularidades de ancestro insular

esperanzas de certeros Iconos epocales. Desde ellas

nuestros próceres moldean caracteres

de universal valor y verdades en enérgica voz de espíritus redentores

que nos representan

Bien, yo necesito entonces multiplicar esta gentilicia voz de gigantes

que me glorifica, don Salvífico vital de pequeña escala y sagrario familiar

que esforzados compatriotas de corazón a corazón y en la virtud

y pechos más fieros de mi Isla

enfilan hacia el mundo todas las esperanzas.

Vean pues por qué insto tomen de cuantos certeros Iconos

de la patria que aquí prevalecen y extiéndanlos en género y etnias
multitudinarias desde mi mismo con migo

y con los demás Caray hacia todos dentro o fuera de las fronteras

de caribeña alborada e insular continentalidad

que como cubano y desde mi

globalizo..

Sagrada Familia ....

Les animo a desafiar la vida
al subir por las escalinatas del tiempo
y pasarelas intrageneracionales
a recargar el espíritu de sagrada familia
más que en predicciones y mitos en corajes y roles
alegorías que devuelven al adulto menor confianza a su existencia
les animo a recelar aquella heredad de luces y sombras
afinidades tan ingratas hasta su última
experiencia mitocondriana
dogmas con que cada grupo social
escamoteó decisiones **esperanzas** y alegrías de vivir
en deudas enigmas y miedos
rencores y odios a sus congéneres
quienes enfrentaban patriarcados
siempre juntos y contrarios
al amor, claro…, de esa SAGRADA FAMILIA
cómplice a las vez de buenas y malas decisiones
que la inmortalizan…

Capisocialismo…?

Nos estamos preparando para el gran salto
afín al ¨ a cada cual según su capacidad…¨

Taras y pronósticos moldean
felonías y reticencias ante el cambio
son riesgos ¿ verdad?
asumir facturaciones sociales económicas políticas
familiarmente prohibidas
riesgos que nuevamente atenazan y bachean
las **esperanzas…**

Retos y emblemas auguran desequilibrios
pero abrazos de jungla y edén
desde multitudes de hambrientos de amor llenos de odios
devolverán la patrimonial solidaridad (alcanzable de nuevo)
al Universo como conquistas del mercado
y abrazarán la vida social
más justiciera
envolviendo sus mercancías
como dignas defensas planetarias.

Atrévete a soñar….!

(Desde Venezuela)

¨..Ella es mi amada BARBARITA...¨

J. A.

Bendecida, no renuncies a tus sueños de amor
solo logra entender el imparable flechazo
de saeta veloz y aromas con que la fervorosa mujer cautivó
desde su arco y flechas mí corazón hace tanto ….

¡Adelante, atrévete a soñar
a compartir el tiempo y este aire de separación en melodías
y dulce contagio
efluvios que a mi alma y la tuya fijaron
armonía y dulzor como besos….

Bendecida mujer, este espacio ha renacido al adolescente
arquero de absortos ensueños
quien alejara sus manos del arco y flechas de amor
por ti
e indefenso se ve de pronto ante el ferviente arraigo
y fragancias de sensual mujer leal a su reino
que fascina…aun desde tan lejos…!

Quien iba a predecirme el impacto
de tus ojos mujer reverdeciendo ensueños
pura espiritualidad en formidable silueta
aprisionándome como la primer vez
nuevamente..!!

quien me revelaría eh, quien
el mensaje que desde ellos recibo
si nuevos intentos de sobrevida son
esperanzas de rejuvenecer
y seguir mirándome en ellos
a mi regreso, amor……!

Eh ahí tu nombre.....Barby..!

(Desde Venezuela)
¨ ..Ella es mi amada BARBARITA...¨
J. A.

Eh ahí en el tronco del viejo Samán de este jardín
tu Santo nombre.....dulcemente lo grabé en la corteza
una mañana de ensueños morriñas anhelos..... a su sombra.

Como un adolescente cincelé sobre él tus letras
heridas de amor que restañó luego el enorme árbol
con savia y yemas germinales...

Te recordarán entonces los enamorados
felices bajo su copa si aman como te amo..
Y quienes al paso del tiempo vean de la corteza rebrotar
las yemas de tu nombre entonarán melodías y poemas
y perforarán en él de nuevo Otros, con similares esperanzas..

Así esculpirán una y otra vez los amantes de cualquier
estación en el tronco del viejo Samán sus signos
códigos emblemas.... viejas y nuevas heridas
de amor que restaurará el enorme árbol con su savia
en yemas germinales y donde reverdecerán
cada Primavera los Santos nombres
así como Tú Nombre....!

Carta de amor…

A mí amada Barby… (Desde Maracay, Edo Aragua Venezuela)

Amada mía sabes como nadie que tengo
el corazón lleno de ensueños…
Mi vida, como largo viaje
es de muchas paradas y encuentros
por llegar al punto más cercano a mis quimeras…
Pido disculpas por mis espléndidas

fantasías, ellas me hacen amarte más
fuego y detonante de este amor
deleites y **esperanzas** que nos cobijan…
Amada, eres quien trazó destinos
hasta lo profundo de mi corazón
encumbrada virginidad y espíritu jovial de amor
al ovillo que nos mueve… insolente entrega que matizó
esplendores y nupcias perennes
sueños claros y transparencias
que nos eternizan… mi mujercita amada
ay, esta mujercita, caray ,alejando las morriñas
que tanto asfixian…esta mujercita, caray, esta mujercita…..

Manuelita, eh ahí tu Simón…

…¨ Tú me has hecho idólatra de la
humanidad hermosa, de ti, Manuela… ¨
Simón Bolívar

Simón, tu Manuelita tu admirable loca
vive entre nosotros
juntos siguen galopando el Corcel
de **Esperanzas** latinoamericanas…

Simón, tu Generala se mece aun y desborda
su amor mientras espera en la hamaca del Libertador
a su Dueño
no le amilanan cordilleras ni valles ni fieros combates
sociales prejuicios ni destierros ni tu ausencia física…
en perenne fervor y anfictionía americanas
aguarda con la verdad más sencilla
de su vida: tu amor..

Simón, tu Manuelita tu admirable loca
pernocta hoy junto a nosotros
en el Panteón de pueblos del ALBA y CELAC
anfictiónica Asamblea que les inmortaliza…

Manuelita, eh aquí tu Simón, de regreso
amor…!!!

Audiciones de esperanzas...

Los sonidos de mis campiñas y poblados
costas montes y riveras... me acompañan
la vida y como polines vigorizan mi existencia.

Sus orquestaciones nutren la diversidad
habitual de la Naturaleza y Gentes de mi tierra
auditiva identidad de contemporáneos y ancestros
azuzando el tímpano y el corazón
vitales garantes de los dicharachos de los míos
en la Isla....Constituyen memorial filamentoso
en escenarios lejanos de Familia, y como en la infancia
sus límpidos sonidos de bohemia y noctambuladas
animan hasta el amanecer los secretos nuestros éxitos
y recetas de vivir felices aun en medios adversos...
multiplican rubores en amadas mejillas y el sudor
en vaivenes incontrolables de pelvis y caderas
suspiros y espléndidos fonemas de ayes, arrullos
y avemarías, sonidos también de campiñas poblados
montes playas y costas
naturales símbolos del amor y alegría nuestros...

Muchos como que, no perciben ya estas bendiciones
ambientales
cómplices de forasteras lactancias
utilidades ecos tentaciones y vanaglorias
expatrían el espíritu de pertenencia de estos sonidos
suelo y gentilicio común
tonalidades fuertes algarabías y /o silencios llenos de vida
la vida misma: sus audiciones de esperanzas...
Realidades y utopías que comparto...

Heme justo aquí ensimismado en Predios

de Quienes deciden eligen y publican

cuanto les venga en ganas....con poder y qué fuerzas intestinas

caramba...!!!

Obvian mis poemas y de paso también evaden
¨al sin talento aprendiz de poeta, loador del oficialismo¨
así fácilmente postergan el jamás..
heme justo aquí entre tanta fanfarria
endiosados de Santo Oficio y prósperos representantes
de espacios comunicacionales.....mis aplausos
faraoncillos leguleyos y cabilderos culturales, mis aplausos
Ustedes dividen más que juntan, esquilman
más que proveen, desorientan y entumecen
más que direccionan y motivan…,y digo más, pero
por qué no se adueñan de la roca de amor y **esperanzas**
al espíritu, por qué no asimilan fortalecedoramente
el casi infantil deseo de umbilicalidad del terruño
que confirma cruces y caminos diversos y enraíza
al inmaterial patrimonio
realidades y utopías que comparto…???

Por qué nóoo, pues……Who are they…????

VOX POPULI...

Demoler toda utopía y esperanzas es
la apuesta neoliberal: el fin de la historia las ideologías
el fin de todos los ¨ismos¨ participativos..
silenciar derechos y conquistas y nuevamente
devolvérnoslas en viejos ropajes de Mercado es la Apuesta
..! ¡vaya ofensiva del Poder globalizándose hoy…!!!
Mediáticamente atacan cada eslabón y vértebra
De unidad continental y cuanto predio ose levantar
Banderas y justicias populares… amordazan y barrenan
Las verdades con silencios obsequiosos
También las mentes y la vida de los pueblos
Poder germinal de cualquier ¨ÏSMO¨ en ellos
socialismos patriotismos sandinismos fidelismos
chavismos kisnerismos……independentismos…

enfriar cada volcán que dinamice sociedades
en secreta inteligencia y golpes suaves, es la Apuesta…
más la VICTORIA nos pertenece y, saben por VOX POPULI
e HISTORIA que contra nosotros los pueblos
no podrán no podrán sencillamente, Nooo Podráaaaaaan…!

Complementos del tiempo…

Dale marcha atrás   marcha atrás   marcha atrás marcha atrás
marcha atrás…al tiempo nuestro ¿me entiendes?
gira contrario y veloz las manecillas a este reloj
virtual hacia los prístinos instantes de la existencia.
Intuirás las regresiones siderales al proceso evolutivo
desde la impronta del Big Bang según la Ciencia: ¨la energía
no se crea ni se destruye, solamente se transforma¨…y según
la Fe en el susurro de Dios: ¨sea la luz, haya expansión en los cielos
y luminarias que sirvan de señales¨…Recibe pues con ambas intuiciones
a las enigmáticas Criaturas con vida, únicas en la espiral
cadena del Universo hasta hoy, expandiendo
manantiales de energías y **esperanzas**, práctica huella
de sus tiempos en cada tiempo…así mi tiempo tú tiempo
nuestros tiempos…patrimonial herencia de obras pletóricas
de amor-odios   poder-impotencias   avances-retrocesos
utopías-realidades alegrías-tristezas dudas-aciertos …. a vida
o muerte..! y además te digo: dale marcha atrás marcha atrás
marcha atrás….a las manecillas de este virtual reloj de la existencia
y corrobora los eternos vórtices y agujeros negros
que como equilibristas también coexisten
como complementos del tiempo….

JOVIAL MADUREZ...

…ella es mi amada Barbarita….. J.A.

Oyeeée…, qué me gustan tus plateados cabellos
así, naturales sin afeites, artificios ni maquillajes
y me gustan además, porque con jovial madurez
enaltecen tu vida de **esperanzas**…

Cómo me gustan tus blancos cabellos Mujer, así, naturales
encanecidos rizos que con aires en vilo
el tiempo decoloró su hasta siempre Amor
en brisas de juventud en tí

Me gusta tu cabellera blanca pues dignifican
lucidez y belleza acumuladas
expresión sensual de logros y victorias
al frescor de nuestros crepúsculos

Y si luego al paso torrencial del día a día mes a mes
año tras años… sigues amoldándolos mansamente
al ritmo de cepilladas caricias y peinadas quimeras de enamorada Mujer
igual de hermosos permanecerán…

Oyeeée, pues me gusta tu blanca cabellera, sí
natural, como el tintineo nervioso al corazón
del primer beso, vertical sensación
de inolvidables ataduras hasta hoy

Me gustan…, una y mil veces más te digo
caray, qué bien luces con tu encrespada cabellera
blanca y natural moldeada con encanto y amor de juventud…
Óyeméeeee Mujer….mil gracias, y cuánto me gustas…

Eh ahí, mi hidalgo medallón...

....¨toda la gloria del mundo cabe en un grano de maíz..¨ José Martí

No califico como ¨candidato¨ a premios
de ninguna índole ni a títulos galardones
menciones u honoríficos lauros
de institucionalidad alguna.

No compito por ostentaciones ni
perrunas impedimentas tras vanaglorias
epocales..., antes bien y humildemente
le reconozco algún popular mérito
al mi YO SOY, batallador día a día
ángel paladín de soledad restringida
colectivas algazaras e insobornables arraigos...

Su principal contribución a la obra
de mi vida, es su espíritu perseverante
de porvenires y esperanzas
resguardándome de fastidios y estorbos
que no edifican, una y otra vez..

Eh ahí entonces el hidalgo medallón
de la existencia, que acuña mi eterna
condición de candidato e irreverente competidor
en cada predio donde existo o actúo
revelándome eso sí, sus gloriosas conquistas
siempre vivas familiares
que solidario compartimos
siempre...!!!

Puentes de sobrevida...

Nos reconfortan nuestros ancestros
como en la Infancia
familiares certezas y anheladas experiencias
nuevamente guiándonos la vida..
puentes de sobrevida los eternizan
entre Nos, vencedores símbolos
que a punta de coraje legaran
semejante espíritu de victorias.

Como ángeles levitan
sus fraternales apoyos, primicias
en saltar charlas, pequeñas corrientes
veredas y calles al andar en esta vida
por sobre riesgos comunitarios, disloques
y naufragios sociales... Así convive
este Espíritu entre nos, experto
y asiduo generador de **esperanzas**
Así es, este patrimonial Gen y rítmico
cordón umbilical conectándonos
con Quienes un día fueran
los precursores gentilicios que aún hoy
nos vigorizan la existencia...

Brindo pues….,!

Por Cuántos y Por qué alegrías brindar
a Quienes agradecer, felicitar y dar
mis buenos deseos…?

A nombre de qué ser Divino consagraré las Esperanzas
de cada sorbo, si en ellos esconderé
como en los Templos
las más inverosímiles ponzoñas
y sus poderes fácticos – con menos alcoholes-
nublarán la mente, el gusto y, las buenas costumbres
y globalizarán el terror…?

Brindo pues…..!, por el hallazgo
de la Paz y felicidad
extraviadas desde el cromañón y el homosapiens
en algún punto de la geografía terráquea..

Brindo pues…!, por la nueva dicha humana
sus equilibrios, su fe en la justicia
de algún Dios
aaahhhh…!!!
y por su Amén….!!!!

EPÍLOGO

Del Poemario SENCILLAMENETE, LA ESPERANZA:

El pensamiento martiano es el pilar espiritual de la vida del cubano, ... MARTÍ quien desde su pensamiento transformó las ideas de justicia y libertad para la ISLA EN FARO Y LUZ DE ESPERANZAS para los pueblos de nuestramérica y del mundo. Mucha fe debió tener Aquel a quien el destino de la especie humana, le reveló a su ideario sentir que PATRIA ES HUMANIDAD. Desde esa FE: ¨...es la certeza de lo que se espera, la convicción de lo que no se ve...¨ (Libro a los Hebreos Cap.11:1) nos inspiraron e inspiran los grandes Creadores ..., la que sostuvo y sostiene NUESTRAS ESPERANZAS, nuestros sueños, nuestras luchas y victorias ... fe que llevaremos y nos acompañará donde quiera que estemos....Soy de la generación que creció y se educó inspirada por paradigmas, de mujeres y hombres con ideas, fe y utopías... tantas y tantos que abrazaron y abrazan proyectos participativos de vida, que hacen posible desaparecer de nuestras sociedades la exclusión social, el hambre, la opresión, el desempleo, la discriminación racial y de género, el analfabetismo, las enfermedades, toda suerte de desigualdades.

Por tanto, soy un Poeta que canta a la nueva vida; poeta que crece con el País y la Humanidad, que canta a las conquistas sociales de nuestros tiempos; como bien expresara el poeta Walter Whitman su FE y Credo ..¨creo que las palabras y la poesía si pueden cambiar el mundo...que...aunque el viento sople en contra la poderosa obra continúa: tú puedes aportar una estrofa. No dejes nunca de soñar...no caigas en el peor de los errores: el silencio....valora la belleza de las cosas simples...Disfruta del pánico que te provoca tener la vida por delante. Vívela intensamente sin mediocridad. Piensa que en ti está el futura y encara la tarea con orgullo y sin miedo...la sociedad de hoy somos nosotros: ¨los poetas vivos ¨no permitas que la vida te pase a ti sin que la vivas¨... (Poema No te Detengas, del libro HOJAS DE HIERBA). ESA es la mística cadena de optimismo que nos une como CREADORES, eslabonada en Ideas, Luchas, Pintura, Poesía, Cantos..!! son puentes de amor que nos fructifican...!! qué grande el poeta WALT WHITMAN cuando dice ... ¨la sociedad de hoy somos nosotros: los poetas vivos¨.... Oyéeee, qué sentido del tiempo, así nos insta a encontrar las evidencias que dentro de la infinitud del tiempo del Universo, es razón de SER de una existencia, sí, efímera, pero llena de eventos gloriosos o luctuosos...,que dan sentido, presentes siempre y nos dan la fe, fuerzas, emociones, motivaciones, valores, convicciones...que como herramientas permiten hacer frente a las contingencias, a la

experiencia transitoria por la que pasamos, consuelo y ESPERANZAS, que trascienden querámoslo o no, y asumen la descendencia nuestra: familias, grupos sociales, sociedad... Este conocimiento, creo, llenó de optimismo a ese PODEROSO POETA e hizo, nos alertara acerca del sentido de ese tiempo, mi tiempo, tu tiempo, nuestros tiempos, aquellos tiempos....!!! sentido fundamental y último para el que hemos venido a este mundo, y que te consiente, seguir tras los deseos de transformar, mejorar, remover, renovar...el entorno social y natural donde colocamos lo que CREEMOS Ser... ESA ES LA FUENTE DE LA ESPERANZA

Inspirados en esa fe liberadora de cadenas materiales y espirituales declaro esta confianza, desde mi Libro: Sencillamente, la ESPERANZA, y como tal, ahí se las dejo.... ADELANTE...!

Ing. JOSÉ ÁLVARO CRESPO RODRÍGUEZ
PINAR DEL RÍO, C U B A

LAS OBRAS
AUTOR : **Álvaro Crespo Sánchez**

Equilibrios del Universo
Óleo sobre lienzo. 40x52 cm.
Octubre 2004

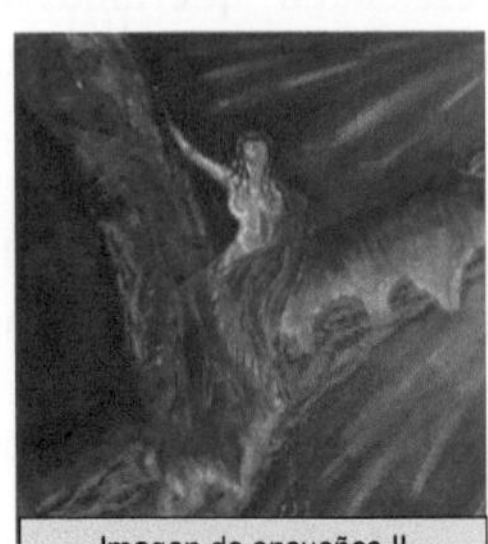

Imagen de ensueños II
Óleo sobre lienzo.29x45 cm.
Diciembre 2005

Camino a la Esperanza
Óleo sobre lienzo. 40x52 cm.
Febrero 2003

Ajiconal Terruño . Óleo sobre lienzo
28x36 cm. Noviembre 2002

Imagen de ensueños I
Óleo sobre lienzo. 17x34 cm.
Noviembre 2004

Identidad
Óleo sobre lienzo. 60x52 cm.
Marzo 2005

Datos Personales del Autor

Título: Sencillamente, la esperanza...

AUTOR: JOSÉ ALVARO CRESPO RODRÍGUEZ. D.N.I. 53060804461
Dirección personal: Calle 5ta. Esq. 3era Edificio No.30 Apto. D-4 Reparto HERMANOS CRUZ, Ciudad Pinar del Río, CUBA. C.P. 20 200
Teléfono (casa) 48-766820 Email- oravlajose53@gmail.com

BRAVE CURRICULUM

José Álvaro Crespo Rodríguez (Pinar del Río 1953, CUBA).Cubano. Graduado de Ingeniero Agrónomo (especialidad Riego Y Drenaje). Poeta del Mundo. Ha publicado poemas en Anuario Ediciones ABBYA AYALA, Periódicos y Revistas locales. Autor de los poemarios:¨Sencillamente, la Esperanza¨(1996), Atrévete a soñar(2001) y La Ley del Amor (2005).

Printed by Books on Demand GmbH, Norderstedt / Germany